환경 슈퍼히어로 태오 ①

곤충들을 구하라!

S.O.S INSECTES by Anne-Marie Desplat-Duc & Mathilde George
©2020 Scrineo
73 boulevard de Sébastopol 75002 Paris

Translation Copyright © 2023 Book's Hill Publishers Co., Ltd.
This Edition was published by arrangement with Sarah Daumerie and Icarias Agency.
All rights reserved.

이 책의 한국어판 저작권은 Sarah Daumerie와 Icarias Agency를 통해 SCRINEO와 독점
계약한 도서출판 북스힐에 있습니다.
저작권법에 의하여 한국 내에서 보호를 받는 저작물이므로 무단전재와 복제를 금합니다.

환경 슈퍼히어로 태오

곤충들을 구하라!

글 안 마리 데스플라 뒥 | 그림 마틸드 조르주 | 이수진 옮김

 북수힐

곤충들의 SOS

내 이름은 태오!	7
소인	17
위험에 처한 모기들	25
거대 괴물	31
뤼시앵 아저씨의 트랙터	37
다시 집으로	43
하나는 모두를 위해!	49
두 명의 소인	55
발표	63
의욕에 불타는 우리 반	67
환경을 지키는 슈퍼히어로	73
유기농업	79
미션	83
다 함께 축하를!	93
직접 해보기	99

내 이름은 태오!

🐞 내게 **믿지 못할 일**이 하나 일어났다!

스스로도 믿기 어려운 일이지만…, 그래도 말하자면….

내가 꿈을 꾸고 있는 게 아니라는 걸 납득하기 위해 **내 이야기**를 글로 써보려 한다.

자, 이제부터 시작이다.

나는 **평범한** 마을에 살고 있는 **평범한** 가정의 **평범한** 남자아이다.

음, 시작이 영 별로군. 더 자세하게 써보겠다!

내 이름은 **태오**. 나이는 열 살. 초등학교 4학년이다. 이왕 진

실만을 적기로 결심했으니 솔직히 털어놓는 거지만, 나는 우등생은 아니다…. 공상에 잠기는 때가 너무 많아 학업에는 별로 집중하지 못해서 그렇다. 초등학교에 입학한 이래, 선생님들이 내 성적표에 적은 글에 의하면 그렇다.

없었다면 더 좋았을 내 유일한 특징은 오른쪽 뺨에 위치한 손톱 크기만 한 **몽고반점**이다. 생긴 게 꼭 무당벌레가 앉은 것처럼 보인다.

그래서 유치원에 들어간 첫날, 못된 아이들이 내게 '무당벌레'라는 별명을 붙여줬다.

처음에는 슬펐지만, 아이들의 놀림을 멈추게 하기 위해 **멋진 이야기**를 하나 지어냈다.

"내가 태어났을 때 **무당벌레** 한 마리가 이 세상에 태어난 걸 축하해 주려고 내 뺨에 앉았거든. 그때의 흔적이 그대로 남은 거야."

하지만 아이들의 반응은 기대했던 것과는 달랐다. 개중에서 가장 못된 녀석들이 가세했기 때문이다.

"축하해 준 게 **하마**가 아니라 다행이네!"

이제는 그 녀석들의 멍청하고 짓궂은 말에는 이골이 날 정도로 익숙해져서 아무런 상처도 받지 않게 됐다. 나름의 해결책도 찾았다. 어색하게나마 머리카락으로 몽고반점을 가리기로 한

것이다.

내 위로는 열다섯 살의 형이 있다. 이름은 루이. 중학생인 형은 학교의 우등생이다. 내 밑으로는 여동생도 하나 있는데, 나이는 여섯 살이고 이름은 시도다. 시도는 글을 열심히 익히는 중이다.

우리 가족은 **조그마한 집**에 살고 있다. 바다와 가까운 브르타뉴 지방의 마을 끝자락에 위치해 있는 우리 집 주위로 이웃이 농사를 짓는 밭이 둘러싸고 있다.

우리 엄마는 같은 지역 중학교에서 프랑스어를 가르치는 선생님이고, 아빠는 여기서 그리 멀지 않은 항구에서 일하는 어부다.

사실 예전에 파리에서 살 때 우리 아빠는 엔지니어였다. 엄마와 아빠가 만난 곳도 파리였다. 하지만 2년 전에 도시 생활에 **스트레스**를 너무 많이 받았던 아빠는 어린 시절을 보낸 마을로 돌아와 **어부**였던 할아버지의 일을 이어가기로 했다.

우리 가족 다섯 명이 여기 브르타뉴 지방의 **외딴 마을**에서 살고 있는 이유가 바로 여기에 있다.

엄마가 교사면 집에서 과외 수업도 받을 수 있고 좋겠다고 생각할지도 모르겠지만, **전혀, 전혀 그렇지 않다!** 엄마가 수업을 마치고 집으로 돌아오면 학생들의 숙제를 고쳐주고 또 다음 수업을 준비하느라 바쁘다. 새벽녘에 기상했던 아빠는 안락의자에 앉아 신문을 읽는다. 루이와 나는 숙제를 하고, 시도는 카펫 위에서 논다. 카펫 위는 시도가 **제일 좋아하는 장소**다.

매일 저녁 8시 즈음이 되면 엄마는 냉동 피자를 오븐에 넣어 데우거나, 라비올리 통조림 뚜껑을 따거나, 큐브로 된 건조 수프를 데우거나, 혹은 마트에서 사 온 샤퀴트리* 포장지를 벗기면서 이렇게 투덜거린다.

"**아차**, 빵 사 오는 걸 까먹었네!"

---

* Charcuterie: 햄이나 소시지 같은 육가공품의 총칭(옮긴이 주).

🐞 🐞 🐞

물론 이 작은 집에도 정원은 있다.

여름에 처음 이사를 왔을 때, 정원은 오랫동안 사람의 손길이 닿지 않은 상태였다. 하지만 사과가 주렁주렁 열린 사과나무 한 그루, 열매들로 가지가 휘어진 자두나무 한 그루, 앙상한 배나무 한 그루, 산딸기 덤불이 무성하게 자란 울타리가 있었다. 그날 우리 가족이 산딸기를 신나게 따먹었던 기억이 난다.

자연과 가까이 살게 되어 **기뻤던** 엄마는 집 앞에 스무여 그루의 장미나무와 튤립 구근, 데이지꽃을 심었다. 그리고 그것들을 **살뜰히** 보살폈다. 길가를 넘나드는 잡초에는 지독한 냄새가 나는 약품을 뿌리고, 꽃줄기를 타고 올라오는 진딧물을 **말살시키기 위해** 또 다른 약품을 살포했으며, 장미나무에는 비료를 줬다. 엄마의 화단은 정말 **근사했다!**

엄마는 채소밭도 가꾸기로 다짐했지만 시간적 여유가 부족했다.

나는 유치원 때부터 유치원 앞뜰의 재배용 상자에 샐러드 채소를 심고 순무 씨앗을 뿌리는 법을 배웠기에 나만의 **정원을 가꾸고 싶다는 생각**을 언제나 품고 있었다. 드디어 **내 꿈**을 실현할 수 있게 된 것이다!

매일 저녁 숙제를 끝낸 직후 나는 **빛의 속도로** 정원으로 달려 나간다. 나는 작은 씨앗들을 뿌려서 그것들이 싹을 틔우는 모습을 보는 것과 식물들을 옮겨 심는 걸 너무나 좋아한다. 대개 집 근처 원예 상점에서 사 오거나 이웃집에서 울타리를 넘어와 슬쩍 잘라낸 것들이다.

최근에는 처음으로 내 손으로 기른 샐러드 채소를 엄마에게 따다 드렸다. 정말이지 **커다란 기쁨**이었다. 채소에 맺혀 있던 이슬이 반짝이고 있었다. 그건 **채소가 주는 사랑**이었다!

하지만 엄마는 내가 기대했던 것만큼의 반응을 보이지 않았다. 조금 서운했다. 엄마는 한숨을 내쉬며 이렇게 말했다.

"아 이런, 태오야. 지금은 이걸 씻을 시간이 없어. 마트에서 파는 봉지 채소는 바로 먹을 수 있게 나와서 **훨씬 더 편리한데!**"

그래서 대신 내가 **꼼꼼히** 채소를 씻었다. 이파리를 하나씩 분리하던 중, 그 안에서 잔뜩 **공포에 질려** 몸을 웅크린 새끼 민달팽이 두 마리를 발견했다. 나는 민달팽이들을 집 밖으로 가지고 나와 채소밭에서 멀리 떨어진 장소에 놓아주었다.

"그냥 채소밭에 **약품**을 뿌려서 저 끈적끈적한 벌레들을 **죽이지** 그래? 그럼 우리가 그걸 먹을 위험도 없어질걸?" 태블릿에 코를 박고 있던 루이 형이 내게 말했다.

"그건 그래. 하지만 만약 그것들을 죽인 약품을 형이 먹을 수

도 있잖아…. 그건 별로 좋지 않을걸? 민달팽이를 죽일 정도의 위력이 있으니까 말이야." 내가 대답했다.

"이야, **환경운동가** 납셨네!" 형이 빈정거렸다.

하지만 아무도 자신의 말을 들어주지 않자, 형은 고집을 부리기 시작했다.

"저것들 다 뭉개버려! 그러지 않으면 네 채소밭으로 다시 기어들어 올걸?"

"안 돼. 민달팽이들도 다른 생명과 똑같이 살 권리가 있어! 만약 민달팽이들이 채소를 갉아 먹는다면 그건 내가 기른 채소를 좋아한다는 뜻이고, 나는 내 채소를 좋아하는 누군가를 **죽이지**

않을 거야."

"그냥 민달팽이일 뿐이잖아?" 시도가 거들었다.

"민달팽이도 **생명체**야."

"하다 하다 이젠 철학까지 하는구나!" 루이 형이 박장대소하며 말했다.

루이 형과 나는 **그다지** 통하는 점이 없다. 형은 공부를 잘하고 나중에 커서 항공 엔지니어가 되기를 원한다. 우리가 이 **작은** 마을로 이사 온 이후로 형은 줄곧 지루해했다. 달리 기분전환 할 것이 없으니 옛 친구들과 연락하기 위해 매일 태블릿을 하느라 온 시간을 보내곤 했다.

반면에 나는 정원에 관심이 많다. 가끔씩 여동생 시도를 데리고 정원에 나가기도 하는데, 시도는 정원의 **모든 것**을 겁낸다. 모기, 꽃들 사이로 날며 꿀을 모으는 꿀벌, 정원 가장자리로 흐르는 작은 개울가에서 개굴개굴 울어대는 개구리, 몸집이 **지나치게 커다란** 나비, 잠자리, 덤불 속에서 나는 뭔지 모를 소리들과 몸에 닿으면 따끔따끔한 쐐기풀까지!

어느 날에는 시도에게 내 **새로운 친구**, 울새를 소개해 주었다. 내가 채소밭에서 채소를 뒤적이고 있을 때, 막 흙에서 발견한 지렁이를 쪼아 먹기 위해 울새가 날아왔다. 울새는 아주 얌전했다. 담장과 내가 도구들을 보관하는 바구니 손잡이 위에 가만히 앉아서 동그랗고 반짝이는 **작은** 눈으로 나를 관찰하고 있었다. 나는 울새에게 말을 건넸다.

"안녕, **울새**야. 그동안 잘 지냈어?"

"…"

"잘 지냈다고? 잘 됐다. 오늘 날씨가 좋을 거래…. 마침 토요일이니까 뤼시앵 아저씨가 준 호박 모종을 심어보려고 해."

"울새가 어떻게 대답을 하냐?" 시도는 빈정거리는 말투로 내게 말했다.

"맞아. 하지만 내 목소리는 알아들어. 게다가 날 꽤 좋아하는 것 같아. 내가 정원에 나와 있을 때면 내게 이렇게 인사를 하러 오거든."

"그럼 울새가 **내 친구**도 되어 줄까?"

"나랑 정원 일을 자주 함께하고 울새를 겁먹게 할 수 있는 갑작스러운 행동을 하지만 않는다면 그래 줄 것 같은데?" 나는 미소를 지으며 대답했다.

지금까지의 내 이야기가 별 특별할 것도 없다고 생각할 수도 있겠지만…, **조금만 참고 기다려주길 바란다!**

소인

🐞 내가 들려주고 싶은 **진짜** 이야기는 **지금부터다**.

마침 수요일이어서 나는 정원 일을 조금 하기로 결심했다. 농사를 짓는 이웃집의 밭과 우리 집 정원을 구분하는 썩은 나무로 된 쪽문을 밀고 나갔다. 쐐기풀을 뽑기 위해서였다. 쐐기풀이 너무 높게 자라서 격자 울타리에 심어둔 내 산딸기나무에 그림자를 드리우고 있었기 때문이다.

"조금만 기다려." 나는 산딸기나무에 말을 건넸다. "곧 햇살이 너희들의 **코에 닿게** 되면 건강하게 자랄 수 있을 거야!"

그렇다. 나는 새들에게 말을 걸 뿐만 아니라 식물에게도 말을 건다. 원예 잡지에서 그렇게 하는 것이 식물들을 **더 잘 자라게** 도와준다는 걸 읽은 적이 있다!

내가 장갑을 낀 손으로 **거대한** 쐐기풀 줄기를 붙잡았을 때, 햇살 한 줄기를 타고 무당벌레 한 마리가 빙글빙글 날아오는 것이 보였다. 생긴 게 정말 내 뺨 위에 있는 반점과 똑 닮은 모습이었다. 나는 **미소를 지었다.** 무당벌레는 얼굴 가까이로 날아와서 내 반점 위로 정확하게 내려앉았다. 그리고 영문을 모른 채로 나는 기절하고 말았다…. 잘은 모르겠지만 아마 기절한 것 같다….

그리고 **지금부터** 일어나는 건 믿기 어려운 이야기일 것이다!

정신을 차렸을 때, 나는 풀이 무성하게 자란 땅 위에 앉아 있었다. 여기까진 하나도 놀랍지 않을지 모른다…. 하지만 잡초가 내 턱을 간지럽히고 있고 민들레꽃이 내 키만큼이나 크다는 걸 알게 된 나는 너무나도 놀랐다.

거짓말! 이건 말도 안 돼! 꿈인가?

나는 흙이 잔뜩 묻은 손으로 눈을 문질러도 보고 볼을 꼬집어도 봤지만 아무런 일도 일어나지 않았다. 나는 소리를 질렀다.

"내가 **소인**이 되다니!"

"**쉿!**" 잔가지 사이로 집을 짓고 있던 거미 한 마리가 내게 말했다. "난리를 피워도 소용없어! 이제 너도 우리랑 똑같아진 거야!"

거미의 언어를 알아들을 수 있게 되었는데도 그게 이상하다는 생각이 들기는커녕, 나는 이렇게 대답했다.

"하지만 나는 그러길 **원치 않아!**"

"네게 선택권은 없어. 태어났을 때부터 너는 **선택된** 거야." 내 뺨에 붙었던 무당벌레가 박하 잎 위로 날아가 앉으며 말했다.

"무슨 선택?"

19

"네가 인간들에게 우리의 입장을 알려줄 대변자로 선택된 거야." 내 발치에 선물을 바치듯 **밀알**을 내려놓은 개미가 말했다.

"왜 하필 **난데**?"

"네 뺨 위에 있는 **반점** 때문이지. 사실 자라면서 너는 얼마든지 우리를 배신할 수도 있었어." 돈벌레가 설명했다.

"다행히도 넌 그런 애가 아니었어." 달팽이가 불쑥 끼어들며 말했다. "민달팽이들이 말해줬어. 꼼짝없이 죽는 줄 알았을 때, 네가 그들을 **자유롭게** 풀어줬다면서?"

"그거야 당연한 일이지!"

"당연하지 않아. 대부분의 인간들은 민달팽이를 보면 배수구

에 빠트려 죽이거든." 풍뎅이가 대답했다.

"그래서 우리가 그동안 기다려왔던 게 **바로 너**라는 걸 알았어. 너라면 우리의 입장을 들어줄 거라고 말이야."

"입장? **무슨 입장?**"

나는 지금 곤충들과 이야기를 나누고 있었다. 이건 **완전히** 말이 안 되는 일이었다. 마치 갑작스럽게 신분이 바뀌기라도 한 듯이 나는 그게 전혀 이상하지 않았다. 이제 나는 인간이 아니라 **말을 하는 한 마리 곤충**이었다!

"내게 뭘 기대하는 거야?" 내가 물었다.

"우리는 네게 인간들이 얼마나 자연에 해를 끼치는지 보여줄 거야. 우리가 어떤 상황에 처해 있는지 보고 나면, 분명 너는 우리를 이해할 수 있을 거야." 카네이션 꽃에 날아와 앉은 꿀벌이 단호하게 말했다.

"나는 그저 어린아이일 뿐이야. 내가 무슨 힘이 있다고 그래?" 나는 살짝 주눅이 들어 말했다.

"우린 우리를 구해줄 수 있는 건 **아이들**이라고 생각해…."

"정말?"

"응. 우리의 가장 무시무시한 적은 **거대 괴물 토산몬**이야. 토산몬은 아주 강력하고 우리가 모두 **죽기를** 바라고 있어!" 분노로 날개를 떨며 풍뎅이가 외쳤다.

"대체 왜?"

"토산몬은 우리를 없애면서 **엄청난 돈**을 벌거든. 슬프게도 토산몬만 그러는 게 아니야…. 인간들도 우리를 존중해 주지 않아. 인간들이 환경을 오염시키고, 환경이 오염되면서 우리는 고통을 받고 있어."

"잠깐만! 난 복면을 쓴 정의의 수호자 같은 게 아니야! 나는 다투는 것도 싫어하고, 가지고 있는 무기도 없어. 그런데 어떻게 그 **거대 괴물**과 맞서 싸우란 말이야? 한술 더 떠서 지구 전체와 싸워야 하는 거라면 그냥 안 하고 말겠어!"

"**아… 정말 실망이야.**" 풀잎 위로 뛰어오른 메뚜기가 중얼거리며 말했다.

"그래. 우리가 착각했나 보다." 무당벌레가 한숨을 내쉬었다. "저 애는 우리가 기다리던 그 사람이 아닌가 봐."

"아니, 나는 **저 애**가 맞다고 확신해! 증거가 많다고." 자신의 무리와 합류한 개미가 언성을 높이며 말했다.

"저 애가 우리를 돕고 싶지 않다는데 강요할 수는 없는 일이지." 풍뎅이가 한숨을 쉬며 말했다.

그제야 비로소 내가 **수많은 곤충들**에 둘러싸여 있다는 사실을 깨달았다. 개미, 무당벌레, 메뚜기, 모기, 풍뎅이, 그리고 달팽이와 민달팽이까지! 고개를 들어 하늘을 보자 티티새 두 마리,

박새 한 마리, 까치 한 마리가 사과나무 가지 위에 올라앉아 우리의 대화를 엿듣고 있었다. 그중에는 내 친구 울새도 있는 것 같았다.

마른 풀잎 더미 아래로 고슴도치 한 마리와 생쥐 가족도 얼핏 보였다. 이러다가는 정원에 사는 **모든** 동물들이 모여들 지경이었다.

"자, 이제 나를 다시 원래 크기로 돌려줄 시간이야. 집으로 돌아갈래." 나는 그 어느 때보다도 확고한 목소리로 말했다.

위험에 처한 모기들

바로 그때였다. 모기 한 마리가 내 발밑으로 쓰러지며 당장이라도 죽을 것처럼 윙윙거렸다. 처음부터 이 자리에 있던 다른 모기 하나가 황급히 옆으로 날아와 심장 마사지 비슷한 행동을 하며 쓰러진 모기를 살려내려고 했다.

"가엾어라!" 동료를 구하려던 모기가 소리쳤다. "더는 버티지 못할 거야."

"나는… 나는 남쪽 연못에서 왔어…." 쓰러진 모기가 더듬거리며 말했다. "그들이 우리를 말살하려고 해…. 나는 겨우 목숨을 구했지만… 수천 마리의 다른 모기 친구들은 **죽고 말았어.**"

나는 모기를 그다지 좋아한 적이 없었다. 모기는 여름 내내 우리를 물어대고 잠드는 것을 방해하니까. 그래서 나는 그 점을 지적했다.

"너희들이 사람들을 하도 **물어대니까** 다들 너희가 사라지기를 바라는 거잖아!"

그러자 마치 그 말에 **동의하지 않는다**는 듯한 웅성거림과 함께 모두가 나를 천하의 나쁜 놈 보듯 바라보았다. 그 모습에 겁먹은 나는 방금 뱉은 말을 후회했다. 곤충들이 모조리 나를 덮쳐 온다면 아플 테니까!

"너도 다른 사람들과 똑같구나…." 무당벌레가 작고 슬픈 목소리로 나를 나무랐다.

"음… 뭐…."

나는 내 발밑에서 **끙끙 앓는 모기**를 바라보았다. 평소라면 나를 물려고 하는 모기를 짓이겨도 아무런 후회도 하지 않을 것이고, 심지어 내가 아주 **강하다는 기분**을 느낄 것이었지만, 지금은 상황이 달라졌다. 지금의 나는 모기보다 겨우 **조금 더 큰** 정도였고, 괴로워하는 눈빛, 덜덜 떨리는 다리, 당장에라도 끊어질 듯한 호흡을 보자 마음이 아팠다.

복잡해진 마음으로 나는 물었다.

"얘는 이렇게 죽는 거야?"

"아마도." 개미가 말했다. "**거대 괴물 토산몬**이 또 이런 짓을!"

"대체 누가 우리를 토산몬으로부터 벗어나게 해줄 수 있을까?" 풍뎅이가 애처로운 눈길을 던지며 말했다.

나는 내게 따라붙는 모두의 암묵적인 비난과 어두운 눈초리에 폭발하고 말았다.

"지금 나더러 **거대 괴물**과 한판 붙기라도 하라는 거야?"

"**그래!**" 여치가 흥분하며 말했다.

"아니, 그건 아니야." 거미가 정정했다. "그게 누구든 혼자서는 괴물과 싸워 이길 수 없어. 먼저 네 주변 사람들을 설득해서 토산몬이 끔찍한 괴물이라는 걸 납득시켜야 해. 만약 **모든 인간**이 **토산몬**에 맞서 싸운다면 없앨 수 있을 거야."

가족과 친구들에게 함께 모기를 구하자고 설득할 만한 열의가 내게 없다는 게 문제였다! 모기는 **단 한 번도** 내가 좋아하는 곤충이었던 적이 없었다. 그런 내 생각이 분명 표정으로도 드러났을 것이다.

그때 산딸기나무 가지에 앉아 있던 울새가 잠시 가까이 와 보라는 손짓을 하며 나를 불렀다. 누군지 알아볼 수 있었다. 정수리 위로 뾰족하게 솟은 짧은 깃털을 가지고 있는 **내 친구 울새**였다.

"나는 네가 좋아, 태오야." 울새가 내게 말했다. "넌 차분하고, 생각도 깊고, 지구에 해가 되는 짓은 하지 않아."

"너 내가 정원 일을 할 때 곁에 있었던 그 울새 맞지?"

"응, 맞아. 너 대부분의 새가 곤충이나 유충을 먹고 살아간다는 사실을 알고 있니? 곤충들이 이 땅에서 사라진다면… 우린 모두 죽게 될 거야."

"안 돼, **너는 안 돼!**"

"나뿐만이 아니야. 깨새, 굴뚝새, 방울새도 마찬가지야…. 농촌에서 새들의 개체 수는 계속해서 줄어들고 있어."

"**안타까워라!** 너희 새들이 지저귀는 소리가 얼마나 듣기 좋은데. 아침에 나를 깨워주는 것도 너희 새들의 노랫소리란 말이야!"

"슬프지만, **토산몬**이 저렇게 살아있는 한, 우리가 앞으로도 쭉 네 잠을 깨워줄 거란 보장은 없어! 이제는 도시에서 떨어진 빵 부스러기를 먹으며 무리 지어 살아가는 참새 외에는 아무도 남지 않게 될 거야."

"그게 정말이야?"

"그럼. 농촌 지역에서 살아가는 우리 같은 새들은 굶어 죽을 거야. 꼭 굶어 죽지 않더라도, 화학 물질에 오염된 곡식이나 곤충을 먹고 **중독되어서** 죽게 되겠지."

"**거대 괴물**이 퍼뜨린 물질을 말하는 거야?"

"맞아. 그리고 네 이웃 뤼시앵의 창고 지붕 아래에 있던 종달새 둥지가 비어있는 것도 알고 있어?"

"응. 작년에 내 친구 마엘과 같이 종달새 부부가 새끼들에게 먹이를 먹이는 걸 봤어. **정말 귀여웠는데!**"

"하지만 올해에는 종달새들이 둥지로 돌아오지 않았어. 새끼들을 먹일 충분한 먹이를 구하지 못해서 그런 거야."

"어, 그건 정말 **끔찍해!**"

"끔찍하지만 사실이야…. 우린 이미 수년 전부터 그 사실을 지적해 왔어. 하지만 아무도 우리의 말을 들어주지 않았지…."

거대 괴물

🐞 바로 그때, 팬지꽃과 색이 비슷해 눈에 띄지 않았던 **작은** 파란색 나비 한 마리가 날아와 내 어깨 위에 앉았다. 그 무게가 얼마나 **무겁던지**!

"우리 나비들도 **멸종**하고 있는 중이야." 나비가 내게 말했다.

"너희는 인간한테 아무런 해도 끼치지 않잖아."

"맞아. 그리고 인간들은 우리가 정원에서 날아다니는 걸 보면 좋아하지. 우리가 그만큼 **아름다우니까!**"

"허!" 모기가 나비의 말을 끊고 말했다. "너희 유충들이 식물의 잎을 갉아먹는다는 건 왜 빼먹니? 그것 때문에 인간들이 너흴 **말살하려고** 야단인 거잖아."

"그건 사실이야…. 하지만 **애벌레**가 사라지면 **나비들**도 사라지는 거야!" 작고 파란 나비가 분통을 터뜨렸다. "그리고 이 세상에서 **나비들**이 사라진다면… 누가 꽃가루를 암술로 옮기고, 또 과일이 열리게 하겠어?"

나는 지금까지 과일들이 어떻게 탄생하는지 한 번도 궁금해한 적이 없었다. 열매란 꽃이 지고 난 다음에 맺히는 것, 그게 내가 알고 있는 전부였다…. 궁금함을 해소하기 위해 나는 질문했다.

"꽃가루 이야기가 다 무슨 소리야?"

"뭐?" 나비가 기겁하면서 말했다. "너 수분(受粉)에 관해서 아무것도 몰라?"

"음… 몰라."

"어휴, 우리 **작고** 착하기만 한 녀석아." 진한 파란색으로 색이 변한 나비가 짜증을 냈다. "이 세상에서 꿀벌, 나비, 말벌 들이 사라지면 과일은 더는 열리지 않게 될 거야."

"뭐?"

"우리가 예를 들어 복숭아꽃 위에 앉으면 발끝에 꽃가루가 약간 묻게 돼. 그런 다음 꿀을 모으기 위해 다른 복숭아꽃으로 이동하면 발에 묻었던 꽃가루가 다른 꽃의 암술로 옮겨져서 수정이 되는 거야. 그러면 열매가 맺히고, 자라고, 익어가지…. 그리고 8월이 되면 네가 과즙이 뚝뚝 흘러내리는 복숭아 열매를 맛볼 수 있게 되는 거야."

내가 놀란 표정을 짓고 있었는지 뒤영벌이 걸쭉한 목소리로 설명을 덧붙였다.

"열매가 맺히기 위해서는 암수 기관이 **서로 만나야 하거든**."

"식물도 동물과 인간과 똑같네?" 나는 이야기를 잘 이해하고 있다는 걸 보여주기 위해 말했다.

"그래. 식물의 암수는 **암술**과 꽃가루를 만드는 **수술**로 구분해. 열매를 만들기 위해서는 암술과 수술이 서로 만나야 하는 거지…. 이들의 만남을 이루어지게 하는 게 바로 **곤충들**이야. 그래서 곤충들이 사라진다면…."

바로 그때 엔진의 강력한 소음으로 인해 나비의 말이 끊겼다. 정원에 모인 모두가 불안감을 느끼기 시작했다. 잠시 동안 모두가 그 자리에 우뚝 섰고, 곧이어 엄청난 소란이 뒤따랐다.

"얼른, **다들 도망쳐!**" 풍뎅이가 소리쳤다.

"가지의 넓적한 잎사귀 밑으로 가!" 달팽이가 외쳤다. "거기라면 조금은 안전할 거야."

"무슨 일이야?" 내가 물었다.

"**토산몬**이 또 누군가를 죽이기 위해 왔어!" 작은 날파리가 윙윙거렸다.

"**거대 괴물**? 그놈 어떻게 생겼는지 한번 보면 좋을 것 같은데." 내가 말했다.

그러자 나의 새로운 친구들이 하나같이 놀란 눈으로 나를 노려보았다.

"이건 동화 속 이야기가 아니야." 지렁이가 깊은 땅속으로 파고들어 가면서 외쳤다. "우린 **토산몬**과 마주치지 않으면 않을수록 사지가 멀쩡할 거거든? 이미 내 몸은 뤼시앵네 밭에서 수년 동안 뿌려진 **화학 물질**에 의해 망가질 대로 망가졌어. 이제 그곳에 사는 동물은 하나도 없지. 거긴 **죽은 땅**이나 다름없거든."

"그럼 그 죽은 땅에서 자라나는 식물도 건강에 좋을 게 하나도 없겠네?" 지렁이의 말에 놀란 내가 말했다.

"맞아." 지렁이가 한숨을 내쉬었다.

"이제 막 알에서 깨어나서 밀밭의 잎사귀에 매달려 있는 **작은 초록 애벌레들이 모두 죽고 말 거야.**" 나비가 슬퍼하면서 말했다. "그 애들은 내가 낳은 알에서 태어난 애들이야…. 원래대로라면 봄에 나처럼 나비로 자라나야 하는 건데."

"**도망쳐!**" 깨새가 짹짹거렸다. "**토산몬**이 내뱉는 침은 엄청 위험해! 조금만 맞아도 죽음에 이를 수 있어!"

"너도 얼른 이 밭에서 벗어나!" 내 친구 울새가 내게 말했다.

"나도? 나는 곤충도 아니고, 애벌레도 아니고, 새도 아닌데?"

"**토산몬**은 인간이고 동물이고 대상을 가리지 않아. 토산몬이 중요하게 생각하는 건 딱 하나야. 바로 수확물의 양을 늘리는 거지!"

"수확물의 양을 **늘린다고?**" 나는 울새의 말을 되풀이했다. 무슨 말을 하는 건지 하나도 이해할 수가 없었다.

"우리들 중 누군가는 사과를 파먹고, 누군가는 밀알, 옥수수를 주식으로 먹고살고, 당근이나 무, 양배추를 집으로 삼아 살고 있어." 작은 날파리가 말했다.

"뭐, 자연에서는 그게 당연한 거니까." 내가 말했다.

"맞아. 하지만 **토산몬**은 자연을 제 이익에 맞게 조종하려고 해. 토산몬이 보기에 우리는 훌륭한 수확을 망치는 주범이거든!" 무당벌레가 소리쳤다.

"인간인 네 목숨이나 날파리의 목숨이나 별반 다르지 않아."

"너 지금 **화가 나서** 과장하는 거 아냐?"

"아니야, 어린 친구. 이미 병이 들 대로 든 이 잠자리가 조언 하나 할게. 있는 힘껏 잽싸게 달려…. 그리고 **토산몬**이 침을 뿌리기 전에 얼른 이곳을 떠나."

단 몇 초가 흐르는 동안 밭은 텅 비어 버렸다. 정신을 차리고 나니 나는 혼자였다. 나는 소리쳤다.

"얘들아, 기다려!"

아무도 대답해 주지 않았다. 나는 허브 가지에 온몸이 긁히는 걸 느끼며 수풀 속으로 몸을 숨겼다. 그리고 **축축하고 악취가 나는 안개**가 퍼졌다. 나는 두 눈을 질끈 감고 숨을 참았다.

뤼시앵 아저씨의 트랙터

바로 그때 재채기가 나왔다! 하늘 높이 **내던져지는** 듯한 기분을 느꼈다. 마치 **거대 괴물**이 내 정수리에 줄을 매달고 위로 잡아당기는 것만 같았다. 괴물이 나를 죽이려는 거다. 확실해! 나는 고래고래 소리를 질렀다.

"안 돼애애애!"

정신을 차리고 보니 나는 허

브 수풀 가운에 앉아 있었다.

몸이 원래 크기로 돌아와 있었다. 혹시 재채기를 해서 그런 걸까?

나는 밭쪽으로 몸을 돌렸다. 거기엔 **거대한** 농업 기계가 털털거리는 엔진 소리를 내며 그다지 향이 좋지 못한 물질을 밭에 분사하고 있었다. 나는 미소를 지었다.

그건 **거대 괴물 토산몬***이 아니었다. 옆집에서 농사를 짓는 뤼시앵 아저씨였다.

우리가 처음 이 동네로 이사를 왔을 때, 뤼시앵 아저씨는 우리를 초대해서 농장을 구경시켜 주셨다. 아저씨는 곡식과 감자를 기르며, 그 밖에도 돼지와 닭, 그리고 염소 몇 마리를 사육하고 있다고 했다. 또한 농장에서 직접 키운 사과로 발효주인 시드르도 만든다.

"어머!" 엄마는 신나 하며 말했었다. "집 바로 앞에서 이렇게 건강한 제품을 살 수 있다니 얼마나 기쁜지 몰라요."

우리 집에 직접 기른 감자와 계란, 채소를 제공해 주는 것도 바로 뤼시앵 아저씨였다.

---

* 토산몬을 거꾸로 읽으면 몬산토(Monsanto)이다. 몬산토는 종자를 개발하고 생명공학기술을 개발하는 다국적 거대 농업 기업으로, 처음 설립되었을 때는 제초제와 살충제 등의 화학물질을 개발하고 판매했던 화학 기업으로 악명이 높았다(옮긴이 주).

뤼시앵 아저씨의 딸인 마엘은 나와 같은 반 친구로 아주 착하다.

우리는 학교가 마친 뒤에 함께 500m 정도 떨어진 집까지 걸어오곤 했다.

나는 뤼시앵 아저씨에게 작게 손짓을 해보였다. 아저씨는 기계 시동을 끄고 운전석에서 뛰어내렸다. 입과 코를 가리는 마스크를 벗은 아저씨가 내게 말했다.

"태오야, 멀리 물러나렴! 아저씨는 지금 작물에 **손해를 끼치는 곤충**들을 **죽이려고** 농약을 뿌리는 중이야."

"곤충들을 **전부 다**요?"

그 말에 아저씨는 마치 내가 외계인이라도 된다는 듯 바라보았고, 미소를 지으며 대답했다.

"농사를 잘 지으려면 어쩔 수가 없어."

나는 계속해서 물었다.

"무당벌레랑 나비랑… 꿀벌들까지 다요?"

"너 갑자기 왜 그러니?" 아저씨는 조금 놀란 듯했다.

"무당벌레랑 나비, 그리고 꿀벌은 아저씨 농사에 아무런 해를 끼치지 않잖아요."

"그럴지도 모르지. 하지만 내가 사용하는 농약은 곤충들을 하나하나 구별하지 못해. 농약이 뿌려지는 영역 안에 있는 모든 곤충들을 **없애주는 거야**. 그게 다란다."

"그럼 농약을 바꾸면 안 돼요?"

"이게 가장 **효율적**이라고 업계에서 다들 추천하던걸?"

나는 물러서지 않고 물었다.

"만약 그 사람들이 **착각**하고 있는 거라면요?"

"태오야. 아저씨는 이런 쓸데없는 토론에 허비할 시간이 없단다. 그냥 아저씨가 **살충제**를 뿌리는 동안에는 이곳에 있지 마. 알겠니?"

아저씨가 다시 보호용 마스크를 쓰는 동안 잠시 생각에 빠졌던 나는 다시 말했다.

"지금 아저씨가 농약을 뿌리는 밀로 빵과 케이크를 만드는 밀가루를 만드는 거예요?"

"그럼."

"그럼 거기에도 **살충제**가 잔뜩 들어 있겠네요…."

"물론 조금은 들어있겠지…. 하지만 그 정도로는 위험하지 않아…. 어쨌든, 이걸 뿌리지 않으면 농사도 못 짓는 거야. 다 선택의 문제인 거란다!"

"그럼 아저씨는 곤충들을 **죽이는 것**뿐만 아니라, 우리 인간 역시 **독에 오염**되도록 하는 길을 선택한 거네요!"

"태오야. 점점 아저씨가 기분이 나빠지려고 하는구나. 아저

씨는 계속 일을 해야 하니 저리 비키렴."

화가 난 아저씨는 나를 밀치고 죽음의 기계에 다시 올라탔다. 하지만 나는 계속해서 설명을 해야 했다.

"죄송해요 뤼시앵 아저씨…. 예전에는 미처 몰랐어요…. 하지만 이렇게 알게 된 이상, 가만히 두고 볼 수만은 없어요! 이러다가는 **재앙**을 불러오고 말 거예요!"

"과장이 심하구나! 모든 농부들이 다 나처럼 하고 있단다!"

나는 그 말에 어떻게 대꾸해야 할지 몰랐다. 내가 들려준 이야기가 아저씨에게는 전혀 문제가 되지 않는 모양이었다. 아저씨는 **거대한** 트랙터 운전석에 앉아서 시동을 다시 켜고, 비행기에 달린 것만큼이나 커다랗고 복잡한, **뭐가 뭔지 알 수 없는** 계기판을 확인했다. 그러고는 나에 대해 신경도 쓰지 않고 다시 기계를 움직이기 시작했다.

이제 아저씨와 나 사이는 예전과 같을 수 없을 거란 생각이 들었다. **아저씨와 나** 사이에는 아저씨가 퍼뜨리는 **독성 안갯속**에 갇힌 작은 곤충들이 존재하기 때문이다. 그 곤충들을 그냥 내버려 둘 수 없었다. 그들은 내가 그들을 위해 싸워주기를 바라며 **내게 의지**하고 있으니까!

다시 집으로

"태오야, 어딜 갔다 오는 거니?" 엄마가 내게 물었다. "밥 먹을 시간이야."

"또 풀떼기랑 놀고 있었겠지 뭐!" 루이 형이 놀리며 말했다.

"오빠 친구라는 그 울새는 봤어?" 시도가 내게 물었다.

나는 아직 내게 일어난 일들에 어안이 벙벙한 상태라 가족의 말이 제대로 들리지 않았다.

"얘 상태가 **정말로** 이상한데!" 형이 말했다.

"울새가 오빠한테 무슨 말이라도 했어?" 시도가 농담을 던졌다.

좀 전에 있었던 모험에 대해서는 가족에게 이야기하고 싶지 않았다. 분명 내 말을 믿지 않을 테니까 말이다. 하지만 **침울한 목소리**는 차마 숨길 수 없었다.

"뤼시앵 아저씨가 밀밭에 농약을 뿌리고 있어요."

"그러는 게 최선은 아니지." 아빠가 엄마가 좋아하는 통밀 식빵을 잘게 찢으며 말했다.

"어? 아빠도 그렇게 생각해요?" 내가 물었다. 아빠가 나와 **같은 생각**을 가지고 있다는 게 기뻤다.

"그럼. 하지만 뤼시앵 씨도 그저 배운 대로 하는 것뿐이야."

"다른 방법이 분명 있을 거예요. 그렇게 **모든 곤충들을 죽이는 건 심각한 일**이잖아요…."

"이야, 기어다니고 날아다니는 모든 벌레들의 수호자, 조로[*] 납셨네!" 루이 형이 상상 속 칼자루를 휘두르며 놀렸다.

"곤충들이 이 세상에서 모두 사라진다면 인간도 살아남지 못할 거야!"

"이야, 위대한 과학자 태오 님이 말씀하십니다!" 형은 계속해서 나를 놀렸다.

나는 조용히 자리에 앉았다. 다른 세상으로의 모험으로 이미

---

[*] 1919년 미국 작가 존스턴 매컬리가 만든 검은 복면을 쓴 영웅 캐릭터(옮긴이 주).

지쳤는 데다, 그로부터 알게 된 사실이 너무나도 **공포스러워**, 누군가를 설득하기 위해 입을 열 힘이 남아있지 않았다.

엄마가 전자레인지로 데운 피자를 접시 위에서 잘라주었다. 그러나 배가 고프지 않았다.

🐞 🐞 🐞

식사가 끝난 후, 아빠와 시도가 식탁을 정리하고 설거지를 하는 동안(이번엔 아빠와 시도가 할 차례였다), 엄마는 전지 가위, 초록색 장갑, 그리고 **살충제 분무기**를 들고 활기찬 목소리로 말했다.

"난 내 장미나무를 돌보러 가야겠어. 꽃들은 **황홀할 정도로** 아름다운데, 진딧물들이 꽃봉오리를 침범하기 시작했거든."

그 말을 듣자마자 나는 **공포에 질려** 소리쳤다.

"**살충제** 뿌릴 거예요?"

"어머 태오야! 엄마는 이 정원을 가꾼 이후로 계속해서 뿌려왔는걸? 장미를 사랑하는 **수백만 명**의 애호가들이 장미꽃을 지켜내기 위해 이렇게 진딧물을 **박멸한단다!**"

"그래요? 예전에는 미처 몰랐어요."

"뭐, 장미는 우리가 먹을 게 아니니까, 살충제를 조금 써도 해롭지 않잖아?"

"하지만 곤충들에게는 해로워요. 그리고 결국 새들에게도요!"

정원을 가꾸는 수백만 명의 사람들이 엄마처럼 살충제를 사용하고 있다니, **새들이 왜 멸종**하고 있는지 어느 정도 알 것 같네요!"

그렇게 말하면서 나는 엄마와 함께 장미나무가 있는 곳까지 걸어갔다. 주황색 장미가 잔뜩 피어있는 덤불나무의 꼭대기에 내 친구 울새가 앉아 있었다. 울새는 나를 응원하듯 눈을 찡끗해 보였다.

"새들의 수가 점점 줄어들고 있대요…. 우리가 **잘못된 습관**을 바꾸지 않는다면 얼마 못 가 새들은 단 한 마리도 남아있지 않게 될 거예요! 새들이 없는 세상은… 정말 **슬플** 거예요."

그러자 자신만만하던 엄마의 태도가 바뀌었다. 엄마는 **살충제 분무기**를 불신이 담긴 눈으로 바라보며 내게 말했다.

"그러고 보니 용기에 해골 표시를 비롯해서 이 제품이 건강에 좋지 않다는 걸 알려주는 로고들이 그려져 있네."

"그러니까요!"

"그럼 진딧물들이 내 **예쁜** 장미들을 망가뜨리는 걸 두고 봐야만 하는 건가?"

엄마는 시든 꽃잎들을 꺾고 잔가지를 몇 개 친 뒤, 툴툴거리며 집 안으로 들어갔다.

"첨삭해야 할 숙제가 너무 많아!"

엄마가 집안으로 들어가자 울새가 내 가까이로 다가와 말했다.

"**잘했어**, 태오야. 아주 좋은 시작이야."

"응. 그런데 진딧물의 공격으로부터 장미나무를 **구하려면** 어떻게 해야 해?"

"그거라면 **무당벌레들**이 도와줄 거야. 진딧물은 무당벌레들이 **제일 좋아하는** 먹이거든. 많은 무당벌레들을 불러오기만 하면 돼. 맞다, 너 무당벌레랑 친하잖아."

"그런 것 같아." 나는 오른쪽 뺨 위에 난 **반점**을 손가락으로 가리키며 말했다.

"네가 우릴 도와주니까… 우리도 널 도와야지."

나는 대답하지 않았다.

어쨌거나 상대는 울새였다. 울새와 대화를 나누는 게 정상인 걸까?

그날 저녁, 나는 일찍 침대에 누웠다. 오늘 하루 겪은 일들로 인해 **지쳐 있었다**. 하지만 잠은 오지 않았다. 수많은 질문들이 머릿속에서 꼬리에 꼬리를 물고 이어졌다.

정말로 나는 선택된 걸까? 인간들에게 지구와 인간의 생명을 지켜야 한다는 사실을 알려줄 존재로?

그렇다면 나는 이 **임무**를 받아들여야 할까?

꼭 그럴 필요는 없었다. 언제든 거절할 수 있었다. 곤충들과 함께 할 모험은 유혹적이었지만, 이곳저곳에 함정과 계략이 도사리고 있을 터였다. 만약 임무를 받아들인다면 지금까지의 **편하고 순조로운** 삶과는 영영 **작별**해야 할 것이다!

하나는 모두를 위해!*

밤새 한숨도 자지 못했다. 전날 곤충들과 있었던 일이 내겐 너무나도 **충격적**이었기 때문이다.

내가 곤충들을 살리기 위해 나서지 않는다면, 결국 멸종하는 것은 **우리 인간**이 될 것이라는 사실을 깨달았다.

아침이 되자 나는 결정을 내렸다. 정원의 곤충들과 새들이 내게 **임무**를 맡겼으니, 그걸 해내기 위해 **모든** 노력을 다하기로!

먼저 반 친구들에게 **반드시** 이 사실을 알려야 했다. 혼자서는

---

* 알렉상드르 뒤마의 소설 《삼총사》에 나오는 삼총사의 구호, '하나는 모두를 위해, 모두는 하나를 위해!'에서 가져온 것이다(옮긴이 주).

할 수 있는 일이 별로 없을 테니까.

그래서 나는 곤충들의 멸종에 관한 짧은 발표 자료를 준비하기로 했다. 우리 반 담임인 카라벨 선생님은 발표 수업을 좋아하신다.

토요일 오후, 나는 발표 준비를 하기 시작했다. 머릿속에 아이디어가 **잔뜩** 우글거렸다. 하지만 끝내 그걸 글로 표현해 내지 못했다. 컴퓨터 속 화면은 **절망적일 정도**로 백지였다.

나 말고 한 사람이 더 필요했다. **둘이라면** 함께 의논하고, 아이디어를 발전시켜 나가고, 그것을 구체화할 수 있을 것이었다. 나는 마엘에게 도움을 요청하기로 했다. 마엘과는 언제나 말이 잘 통했다. 학교에서도 우린 서로의 옆자리에 앉았고, 집에서도 내 방 창문 너머로 마엘의 집이 보였다.

전날 마엘의 아빠인 뤼시앵 아저씨가 농약을 뿌리고 있던 밭의 가장자리를 따라 걸었다. 아저씨와 마주치지 않아야 할 텐데. 아저씨는 자신이 사용하는 농약이 **위험하다**는 걸 지적한 나를 **조금도** 반기는 눈치가 아니었다. 어쩌면 이미 마엘에게 나랑 노는 것을 **금지시켰을지도** 모르는 일이었다.

한 걸음 한 걸음 내디딜 때마다 흙더미의 **앓는 소리**, 풀덤불의

헉헉거리는 숨소리, 울타리의 **울부짖는 소리**가 들리는 것만 같았다. 이 모든 건 분명히 내 상상에 불과한 것일 테지만 말이다.

뤼시앵 아저씨의 농장 앞뜰에 도착했을 때, 나는 꽤 **긴장한 상태**였다. 마엘은 커다란 보리수나무 그늘에 앉아서 책을 읽고 있었다.

"안녕?" 마엘은 고개를 들어 나를 발견하고 인사를 건넸다. "무슨 문제 있어? 왜 그런 **웃긴 표정**을 하고 있어?"

"어…."

바로 그때, 내가 하려던 말이 마엘의 기분을 상하게 만들 수도 있다는 생각과 함께, 우리 사이가 영원히 멀어질 수도 있겠다는 **확신**이 들었다.

뤼시앵 아저씨는 창고에 있었다. 아저씨의 눈에 띄고 싶지 않았다. 나는 마엘의 손을 붙잡아 끌었다.

"우리 집으로 가자. 내가 설명해 줄게."

마엘은 나를 따라오면서 농담을 했다.

"너 되게 **수상하다**?"

"넌 아마 상상도 못할 거야!"

마엘과 함께 우리 집의 작은 정원에 도착하자 마음이 조금 놓였다.

"학교에서 발표를 하나 하고 싶은데, 너랑 같이 발표 준비를 하고 싶어."

"그게 **다야**?" 어딘가 모르게 실망한 기색으로 마엘이 말했다.

나는 용기를 쥐어짜 말했다.

"**살충제의 위험성**에 관한 발표를 할 거야."

"이젠 곤충에도 관심이 생긴 거야?" 마엘이 놀리듯 말했다.

"그러니까, 내 말은…."

어제 내가 무슨 일을 겪었는지, 어떻게 그 **작은** 곤충들을 **구해야** 한다는 마음을 먹게 되었는지, 어디서부터 어떻게 설명해야 할까? 정말이지 어려웠다. 가장 좋은 방법은 마엘이 직접 두 눈으로 보고 겪는 것이었다. 그래서 나는 그 방법에 **모든 것을 걸어보기로** 했다.

"이리 와 봐!"

나는 마엘을 정원의 한쪽 구석으로 데려갔다. 그곳은 내가 **작게** 변했던 바로 그 장소였다. 나는 어제와 같은 일이 또다시 벌어지기를 간절히 바랐다.

두 명의 소인

나와 마엘 **두 사람**은 곧 산딸기나무 덤불 앞에 도착했다. 티티새 한 마리가 우리 곁으로 날아왔고, 내 친구 울새는 나무 버팀목 위에 올라앉아 있었다. 꿀벌과 뒤영벌 몇 마리가 꽃가루를 모으고, **흰나비** 세 마리가 태양에 닿을 것처럼 날아다니고, 무당벌레들이 잎사귀 위를 거닐고 있었다. 몸이 **작아지게 하려면** 어떻게 해야 하는 거지?

"산딸기 먹자고 나를 여기로 데려온 거야?" 마엘이 고개를 갸우뚱하며 말했다.

"아냐. 잠시만 기다려줄래…."

나는 어떻게 해야 할지 모른 채로 우두커니 서 있었다…. 그러고는 외쳤다.

"**무당벌레야!** 음… **무당벌레야!** 네 도움이 필요해!"

마엘은 나를 걱정스러운 눈길로 바라보았다. 분명 내가 미쳤다고 생각했을 것이다. 나는 마엘의 손을 단단히 붙잡고 해명했다.

"방금 그게 뭐냐면…, 일종의 암호야…. 음… 비밀 암호 그런 건데. 이게 통하기만 하면 넌 정말 **놀라운** 경험을 하게 될 거야!"

몇 분 정도 지나자, 무당벌레 한 마리가 나를 향해 날아왔다.

"어머, 저 벌레 뭐야? 왜 너한테 날아오는 거야?" 마엘이 짜증을 내며 무당벌레를 쫓으려 손을 내저었다.

나는 마엘의 손을 막았다.

"이리 오게 놔둬. 그리고 절대 **내 손 놓으면 안 돼!**"

내 생각이 맞을지는 모르겠지만 무르기에는 이미 너무 늦었다. 무당벌레는 내 뺨의 반점 위에 안착했다…. 나는 땅바닥으로 빨려 들어가는 것 같은 이상한 기분을 느끼며 잠시 의식을 잃었다. 전날에도 그랬던 것처럼 몸이 너덜너덜해지는 기분이었다.

"**야!** 이게 무슨 일이야 대체?" 당황한 마엘이 말했다.

나는 웃었다. 내 예상이 적중한 것이었다. 나는 마엘의 손을 잡고 **작은** 벌레들의 세계로 데려갔다.

"네 이해를 돕기 위해서야." 내가 말했다.

나는 더욱 놀라운 광경을 보여주기 위해, **거대한** 크기로 자라 있는 풀들 사이를 헤치고 정원 바깥으로 나갔다.

"꼭 아마존 정글에 와 있는 것 같아!" 마엘이 말했다.

"얼추 그렇지."

"저리 비켜, 저리 비켜." 뒤영벌 한 마리가 우리를 밀치며 윙윙거렸다. "이 녀석들은 신선한 공기를 마셔야 해."

"늦기 전에 경고만 해줬더라면…." 풍뎅이가 분노하며 말했다.

"경고했더라도 소용없었을 거야." 돈벌레가 대답했다. "쉬지 않고 열심히 일하는 친구들이라서, 우리가 하는 말을 귀담아듣지도 않았을걸?"

마엘은 믿을 수 없다는 표정으로 나를 바라봤다.

"**말도 안 돼!** 곤충들이 하는 말을 알아들을 수 있다니!"

"나도 그래…. 내가 **소인**으로 변한 뒤부터 말이야."

마엘에게 상황을 자세히 설명하려고 하는 순간, 딱정벌레가 내게 말했다.

"어라, 태오구나? 이런 비극적인 순간에 딱 맞춰 왔네! 어제

클레멍의 벌집에 사는 꿀벌들이 **거대 괴물 토산몬**의 땅 근처 초원에서 일을 하다가 괴물이 내뱉는 역겨운 침을 뒤집어쓰고 말았대."

"우리가 미리 경고를 해주러 단체로 날아갔지만…." 잠자리가 끼어들어 말했다. "그 애들은 일에 너무 집중한 나머지 우리 외침을 듣지 않았어."

"까딱하면 우리마저 죽을 지경이라 더 지체할 시간이 없었어!" 나비가 설명했다.

"갑자기 불어온 돌풍이 괴물의 침을 풀숲에 있는 작은 꽃들

위로 퍼뜨린 거야…. **수많은 꿀벌들**이 해를 입었어."

그 말을 듣고 나서야 이곳저곳에 널려있는 일벌들의 **사체들**이 눈에 들어왔다. 어떤 꿀벌들은 바닥에 등을 대고 누운 채로 다리를 바들바들 떨며 **끙끙 앓고 있었다**.

"너무 **끔찍해!**" 마엘이 꿀벌들로부터 눈을 돌리며 외쳤다.

"벌집 한 곳에 살던 일벌들이 거의 **전멸했어**." 뒤영벌이 말했다. 그의 눈에는 눈물이 가득 차 있었다.

"가엾어라…. 꿀벌들은 농사에 아무런 위험을 끼치지 않잖아?"

"맞아. 하지만 **토산몬**은 아무런 구별 없이 곤충들을 닥치는 대로 죽이고 있어!"

"**토산몬?**" 마엘이 물었다.

이런! 마엘에게 토산몬이 자신의 아빠라는 사실을 털어놓지 않을 수 없게 됐다. 마엘이 그 사실을 순순히 받아들일지 확신이 서지 않았다. 그때 가까이에 있던 노란 나비 한 마리가 입을 열었다.

"**토산몬**은 우리를 **죽음에** 이르게 하는 무시무시한 **독침**을 내뱉는 **거대 괴물**이야. 공포스럽고 커다란 강철 팔도 가지고 있지."

"어라… 그거… 우리 아빠의 트랙터를 말하는 것 같은데…." 마엘이 더듬거리며 말했다.

"뭐라고?" 그곳에 있던 곤충들이 분노하며 외쳤다. "네가 우릴 **독살하는 거대 괴물**의 딸이라고?"

"**죽여라! 죽여라!**" 말벌과 꿀벌, 모기 들이 윙윙거리며 외쳤다.

구름떼처럼 모인 곤충들이 마엘 주위로 몰려들자 마엘은 울음을 터뜨렸다. 나는 잔뜩 흥분한 곤충들을 진정시키기 위해 중재에 나섰다.

"**그만해!** 얘는 잘못이 없어!"

"맞아⋯." 마엘이 울면서 말했다. "나는 우리 아빠가 뿌리는 농약이 꿀벌들까지 **죽일 줄은** 몰랐어."

"하!" 화가 난 탓에 얼굴이 빨개진 모기가 윙윙거렸다. "만약 농약이 **나쁜** 모기들이나 **못된** 거미들을 죽이는 거면 괜찮고?"

"음⋯." 마엘은 말끝을 흐리며 겁에 질린 채로 내 팔을 꼭 붙잡았다.

"우리는 인간에게 아무런 해를 끼치지 않아. 우리가 치는 거미줄은 레이스만큼이나 **가볍고**, 아침 이슬이 그 위에 수를 놓은 모습은 또 얼마나 **아름다운데**." 거미가 으스대며 말했다.

"세상에는 **좋고 나쁜** 곤충이 따로 없어." 모기가 길쭉하고 뾰족한 주둥이를 내밀며 위협적으로 다가왔다. "우린 모두 자연 속에서 각자 자신의 역할을 다할 뿐이야."

대화 주제를 돌리고 마엘을 둘러싸고 있는 곤충들로부터 멀어질 요량으로 나는 아무 말이나 던졌다.

"클레멍 씨는 이제 꿀을 못 얻게 되는 거야?"

"전보다 양이 줄긴 하겠지." 뒤영벌이 말했다. "그건 문제 축에도 못 껴. 심각한 건 과일나무의 **수분**과 새들의 **생존**이지."

마엘을 슬쩍 보니 놀란 표정을 짓고 있었다. 마엘도 예전의 나처럼 무슨 말인지 이해하지 못한 것 같았다..

"내가 나중에 설명해 줄게." 내가 말했다.

"그래서, 애." 뒤영벌이 구시렁거렸다. "너도 우릴 도와줄 거야?"

"음…, 어…." 마엘이 머뭇거리며 말했다. "아빠에게 밭에 농약을 뿌리지 말라고 설득하는 건 어려울 것 같은데…."

"그게 쉬울 거라곤 말한 적 없어…. 하지만 너희가 아무런 시도도 하지 않는다면… 지구는 **망하고 말 거야!**" 초록 애벌레가 말했다.

그때 재채기가 나오려고 했다. 새롭게 사귄 곤충 친구들과 조금이라도 더 시간을 보내고 싶었던 나는 재채기를 참아보려 했지만, 내 키만큼 자란 민들레의 꽃가루가 코를 **간지럽혔다**. 곧 무슨 일이 벌어질지 예상한 나는 마엘의 손을 붙들고 다급하게 말했다.

"내 손 꼭 잡아. 놓으면 안 돼!"

나뭇가지 위에 앉아있는 내 친구 울새가 보였다.

"태오야, 우리는 너를 믿어." 울새가 외쳤다.

그리고 **엄청난** 재채기가 터져나왔다.

발표

🦋 "우리에게 무슨 일이 일어났던 거야?" 몸이 다시 원래의 크기로 돌아온 것을 깨달은 마엘이 물었다.

"내가 **놀라운** 경험을 하게 될 거라고 했잖아!"

방금 전 일이 실제라는 걸 받아들이지 못한 마엘은 재차 꿈을 꾼 게 아니냐고 되물었다.

"잠깐. 불과 몇 초 전에는 우리가 곤충들과 거의 비슷한 크기였고, 또 곤충들과 대화를 나눴다… 이거야?"

"응."

"대체 어떻게?"

"내 뺨에 있는 무당벌레 무늬 반점이 내가 환경을 지키는 영웅이라고 알려주는 것 같아."

"뭐?" 마엘이 황당해했다.

"곤충들은 내가 **거대 괴물 토산몬**으로부터 자신들을 **지켜줄** 거라 믿고 있어. 또 내가 지구를 구해주기를 기대하고 있어. 우리가 아무런 행동도 하지 않으면 지구는 멸망하게 될 거야."

"우리 아빠는 살인자가 아니야!" 마엘이 화를 냈다.

"살인자라고 한 적 없어…. 단지 **해로운 물질**을 사용하는 모든 사람들이 자신의 행위가 지구를 실제로 파괴하고 있다는 사실을 인식하지 못하고 있다는 말이야…. 하지만 너도 그 **결과**를 눈으로 똑똑히 봤잖아?"

불편한 기색으로 마엘이 중얼거렸다.

"봤지…."

나는 마엘이 죄책감을 느끼지 않도록 달랬다.

"그리고 네 아빠만 그러는 게 아니야. 모든 사람들을 설득해야 해. 농부들뿐만 아니라, 정원 산책로에 **화학 물질**을 써서 잡초를 제거하고, 토양에 **해를 끼치는 비료**를 뿌리고, **살충제**를 써서 진딧물이나 애벌레를 죽이면서 정원을 가꾸는 모든 사람을 설득해야 해…."

"그 많은 사람들을 우리가 다 어떻게 설득해!" 벌써 의기소침

해진 마엘이 한숨을 푹 내쉬었다.

"혼자서는 불가능해. 하지만 **친구들**의 도움이 있다면 변화를 불러올 수 있을 거야."

"정말 그럴까?"

"어찌 됐든 시도는 해 봐야지. **곤충, 새, 작은 동물들, 거기에 식물들까지**, 그 모두가 죽는 걸 손 놓고 보고만 있을 수는 없어! 일단 우리 반에 이 사실을 설명하기 위해 발표 자료를 준비하는 것부터 시작해 보자."

"아, 네가 말한 발표가 그거였어?" 웃음을 되찾은 마엘이 말했다.

"응."

우리는 우리 집으로 돌아와 내 방으로 올라갔다. 우리는 이 주제를 어떻게 하면 가장 효과적으로 다룰 수 있을지 고심했다.

"죽은 꿀벌들의 사진을 써야겠다." 마엘이 제안했다.

"**좋은 생각**이야!"

우리는 우리 집 정원 옆의 풀숲으로 돌아갔다. 방금 전과 달리 원래의 몸 크기로는 정확한 장소를 찾는 것이 어려웠다. 잡초 더미를 여러 번 헤집어본 뒤, 결국 꿀벌들의 모습을 사진에 담는 데 성공했다.

"우리가 **작았을 때** 봤던 것보다는 충격이 덜하네." 마엘이 지적했다.

"그게 문제야. 곤충들이 너무나도 **작으니까** 다들 곤충들이 중요하지 않다고 생각하지…."

"하지만 사실은 정말로 중요하잖아? 곤충들을 살릴 수만 있다면 좋을 텐데!" 마엘이 탄식했다.

의욕에 불타는 우리 반

🦋 일주일이 지난 뒤, 마엘과 나는 **발표** 준비를 끝마칠 수 있었다. 하지만 걱정이 됐다. 발표 주제가 익숙하지 않기도 했고, 반에 농부인 아빠를 둔 친구들이 여럿 있어 그 친구들을 **화나게** 만들지는 않을까 걱정이 되었기 때문이다.

"애들한테 네가 **몸 크기를 줄일 수 있고** 곤충들과 **대화를 나눌 수 있다**는 사실을 이야기해도 괜찮을까?" 마엘이 물었다.

"그건 말하지 않는 게 좋을 것 같아. 해도 믿지 못할 거고 우릴 놀리기나 할 테니까."

카라벨 선생님은 반의 맨 뒤에 자리를 잡았고, 마엘과 나는

교실 맨 앞에 섰다.

"그럼 발표 시작하렴." 선생님이 말했다.

나는 마엘과 함께 작성한 발표문을 읽은 뒤, 카메라로 찍은 꿀벌 사진들과 인터넷에서 찾은 곤충과 새의 **멸종**에 관한 그래프를 화면에 띄웠다. 마엘은 자신도 며칠 전에야 문제를 인식하게 되었다고 말했다. **모두**가 숨죽인 듯 조용히 우리가 하는 말을 듣고 있었다. 나는 매우 기뻤다…. 그러면서도 동시에 조금은 걱정이 되기도 했다.

우리가 발표를 마치자, 아주 **긴 침묵**이 이어졌다.

그걸 어떻게 받아들여야 할지 몰랐다. 어떤 친구들의 눈에는 눈물까지 맺혀 있었다. 창문 너머로 내 친구 울새가 반 창문에 닿을 듯한 플라타너스 나뭇가지 위에 앉아 있는 게 보였다. 울새는 힘을 내라는 듯, 눈을 찡긋해 보였다.

바로 그때, 목소리가 **작은** 레나가 그 어느 때보다도 큰 목소리로 말했다.

"너무 슬픈 일이야. 그래서 **우리가** 뭘 할 수 있어?"

"**아무것도!**" 롤랑이 말을 끊고 외쳤다. "그런 건 대통령 같은 사람들이 해야 하는 일이잖아!"

"나는 그렇게 생각하지 않아." 내가 말했다. "나는 우리가 모두 **재앙**을 향해 가고 있다는 걸 알게 된 이상, 모두에게 이 사실을 **알려야 한다**고 생각해."

"어떻게 알려야 하는데?" 넬리가 물었다.

"일단 **우리 주변**부터 시작하는 거야. 우선 가족들부터 말이지." 내가 말했다.

"그냥 부모님이 정원에서 사용하는 **독성 물질**을 모조리 훔치면 되는 거 아냐? **살충제, 제초제, 화학 비료**까지 전부 다 말이야!" 기욤이 단호한 목소리로 외쳤다.

"훔치는 건 나빠…." 멜로디가 중얼거렸다.

"다 좋은 의도로 하는 거니까. 어른들에게 그런 물질을 사용하는 게 자연을 **파괴하는** 거라는 사실을 알려줄 필요가 있어." 마엘이 말했다.

"곤충들이 지구에서 사라지면 과일도 사라지게 될 거야." 쉬는 시간마다 사과를 먹는 말로가 말했다.

"그리고 **제초제**와 **화학 비료**는 토양과 지하수층을 **오염시키지**." 공부로는 우리 반 1등인 기욤이 말했다.

"더 무서운 건, 그것들이 우리마저 천천히 **중독시킨다**는 거야." 마엘이 말했다.

"그럼 그 물질들을 다 어떻게 처리해?" 카미유가 물었다. "그냥 버리면 돼?"

"**그건 안 돼!**" 내가 대답했다. "제대로 처리될 수 있도록 폐기물 처리장으로 보내야 해. 발표 준비를 하면서 인터넷에서 찾아봤어."

"거 복잡하네." 뤼카가 투덜거리며 말했다.

"너희들이 가방에 잘 넣어서 학교로 가지고 오면 선생님이 **폐기물 처리장**으로 가져가도록 할게." 카라벨 선생님이 말했다.

잘 됐다! 만약 카라벨 선생님이 우리와 함께해 준다면 성공할 확률도 더 커질 것이다.

"시합을 해도 좋겠는걸." 카라벨 선생님이 말을 이었다. "가장 많이 가져오는 사람이… 음… 땅의 정령 노움* 인형을 하나

---

* Gnome(노움 혹은 놈): 빨간 고깔모자를 쓰고 흰 수염을 기른 모습의 인형. '땅의 정령'이라고도 불리며, 보통 그 인형이나 동상을 정원에 세워둔다(옮긴이 주).

받는 거야!"

우리는 선생님의 기발한 아이디어를 듣고 목이 터져라 웃었다. 장난처럼 시작되었지만 **조금씩** 아이디어는 발전해 나갔고, 반 친구들은 독성 물질을 빼돌리기 위한 **전략**들을 하나 둘씩 제안하기 시작했다. 누가 가장 독창적인 아이디어를 내는지 경쟁하듯 말이다.

"우리 아빠는 매일같이 사용하는 제품이 사라진 걸 알게 되면 엄청 화를 내실 거야." 야닉이 말했다. "그리고 금방 새로 살 걸? 그럼 다 부질없는 거 아니야?"

야닉의 말이 맞았다. 불타오르던 우리들의 의욕이 다시 곤두박질쳤다.

환경을 지키는 슈퍼히어로

🦋 "**독성 물질**을 없애는 건 첫 번째 단계에 불과하단다. 그다음으로는 그걸 대신할 대체물을 제안해야 하지." 카라벨 선생님이 우리에게 말했다.

선생님은 칠판 앞으로 나가서 설명을 시작했다.

"전부터 선생님은 농업이 지금보다 더 **친환경적인 방식**을 채택해야 한다고 생각해 왔단다. 그리고 지구의 **환경**을 지킬 수 있는 **재배** 방식이 존재할 거라고 생각했지. 태오와 마엘이 이 문제에 대해 인식할 수 있게 우리를 도와줘서 선생님은 참 기쁘단다."

선생님의 칭찬에 나는 매우 기뻤고, 마엘의 뺨은 붉게 물들었다.

"이제 컴퓨터실로 이동하도록 하자." 선생님이 계속해서 말했다. "인터넷으로 친환경 농법을 사용해 가장 자연적인 방식으로 농사를 짓는 사람들의 이야기를 찾아보는 거야."

투덜거리는 몇몇 친구들과 자기 입장에서는 별문제 아니라고 생각하는 일에 애를 써야 한다는 사실에 심드렁한 몇 명을 제외하고, 나머지 아이들은 매우 열정적이었다.

우리는 세 명씩 조를 짠 뒤에, 선생님이 추천해 준 검색어를 사용해 자료를 찾아보기 시작했다. **친환경 비료, 친환경 살충제, 꿀벌 보호**….

그때 말로가 갑자기 소리를 질렀다.

"**정말 끔찍해!** 사과나무와 사과에 뿌리는 **농약이 서른여섯 가지나 있대!**"

"말도 안 돼!" 놀란 카미유가 외쳤다.

"여기 그렇게 적혀 있어. 어떤 농약은 심지어 발암 물질이래…."

"실제로 어떤 농약 제품들은 **암**을 유발할 수 있단다. 암은 매우 심각한 질병이지." 선생님이 우리에게 설명했다.

"그럼 그런 농약을 사용하는 농부들은 **범죄자**들인 거네요!" 기욤이 분노로 외쳤다.

"그게 그렇게 위험하다는 사실을 모르고 있을 수도 있어. **우리 아빠도 과수원에서 사과를 키우지만… 범죄자는 아니야!**" 두 눈에 눈물을 글썽이며 넬리가 중얼거렸다.

"뭐… 음….." 넬리의 말에 기욤이 말을 얼버무렸.

자신이 한 말로 인해 넬리의 기분이 상해서 기욤은 매우 당황한 것 같았다. 두 사람은 평소에는 사이가 매우 좋았기 때문이다.

"그럼 아빠한테 질문해 보는 건 어떠니?" 카라벨 선생님이 말했다. "아빠의 대답을 듣고 난 뒤에 함께 의논해 보자꾸나."

"누구보다 사과를 좋아하는 난데, 이젠 먹고 싶다는 생각이 들지 않아." 말로가 침울해하며 말했다.

말로가 알아낸 사실에 우리는 적잖이 놀랐다. 하지만 우리는 계속해서 자료를 찾았고, 몇 분이 지난 뒤 여기저기서 탄성이 터져 나왔다.

"이거다!" 멜로디가 소리쳤다. "**무당벌레가 식물을 공격하는 진딧물을 잡아먹는대.**"

신난 멜로디의 말에 나도 모르게 이렇게 외쳤다.

"맞아. 내 친구 울새가 내게 말해줬어."

그러자 친구들이 놀람과 약간의 비웃음을 담은 눈으로 나를 바라보았다. 무슨 말을 한 건지 깨달은 나는 얼버무렸다.

"농담이야!"

멜로디는 자신이 찾은 기사에 푹 빠져 있어서 내 말을 듣지 않았다. 멜로디는 계속해서 말했다.

"**무당벌레 알**을 사면 될 것 같아."

"무당벌레 알을?" 놀란 듯 레나가 말했다.

"응. 작은 종이 띠지에 붙여서 파는데, 알이 부화하면 무당벌레 유충이 **진딧물을 잡아먹는대**!"

"그럼 그것부터 시작하면 되겠다." 카라벨 선생님이 말했다. "학교 협동조합의 돈을 사용해서 멜로디가 찾은 사이트에서 무당벌레 알을 주문하는 거야. 무당벌레 알을 받고 나면 미션도 시작이지…. 흠, 뭐라고 하면 좋을까…. 일명 **곤충들을 구하라**! 어

떠니?"

"꼭 호위무사가 된 것 같네요!" 지난주에 루이 13세를 지켰던 호위병들에 관한 발표를 했던 기욤이 흥분하며 말했다.

"그것보다는 '슈퍼히어로'라고 하자. 그게 더 현대적이잖아." 내가 말했다.

"좋아. 우리는 **환경을 지키는 슈퍼히어로**야!" 상상 속 칼을 휘두르며 뤼카가 신나게 외쳤다.

"자, 너희들의 첫 번째 미션은 부모님, 친척, 이웃이 사용하는 살충제들을 모아오는 거야. 그들이 자신도 모르는 사이에 자연을 파괴하고 있다는 사실을 알려준 다음, 무당벌레 알 사용을 권하면서 귀여운 무당벌레들이 진딧물을 없애줄 거라고 말하는 거야. **설득력 있게** 말하는 게 중요해! **최고의 실습**이 되겠구나!"

유기농업

🦋 무당벌레 알은 금세 도착했다. 카라벨 선생님이 알을 나누어 주었다. 우리 반 아이들은 모두 나만큼 의욕이 넘쳤다. 아파트에 사는 친구들이 불만을 터뜨렸다.

"쳇, 우리는 참여할 수 없잖아요!"

"아니야." 선생님이 말했다. "아파트에서 모기, 진드기, 바퀴벌레, 개미를 죽이는 데 흔히 사용하는 **스프레이** 역시 농부들이 사용하는 농약만큼이나 환경에 **나쁜 영향**을 준단다."

"진짜요?" 롤랑이 놀라며 말했다.

"그럼. 집에 정원이 없는 친구들은 집에 나타난 벌레들을 **친환**

경적인 방식으로 쫓아낼 수 있는 방법을 인터넷에서 검색해 보렴. 그러고 나서 찾아낸 결과를 발표를 통해 친구들에게 설명해 보는 걸로 하자."

마엘과 학교에서 돌아오면서 우리는 평소처럼 수다를 떨었다.

"어쨌든 나는 무당벌레 알을 가지고는 아빠가 밭에 **살충제**를 뿌리는 일을 그만두게 할 수 없겠어." 마엘이 실망한 목소리로 말했다.

"그렇지 않아. 그 대신, 우리가 다 같이 진행하고 있는 프로젝트에 대해 말씀드려 봐. 그럼 아마 뤼시앵 아저씨도 **고민**을 해보실지 몰라."

"시도는 해볼게." 마엘이 한숨을 내쉬었다.

우리는 잠시 동안 아무 말 없이 걷기만 했다. 마엘이 말했다.

"우리를 보호해 주어야 하는 사람들이 우리와 우리 자식들이 살아갈 자연을 파괴하고 있다는 생각을 하면 슬퍼져."

"맞아. 하지만 만약 **우리**와 같은 아이들이 그들이 틀렸다는 것을 증명해 보이고, 그들이 **더 건강한 농업**을 해나갈 수 있게 만든다면 얼마나 멋질지 생각해 봐."

"**네 말이 맞아!**" 마엘이 커다란 미소를 지으며 말했다.

우리는 우리 집 대문 앞에서 서로를 응원한 뒤 헤어졌다.

정원으로 막 들어섰을 때, 내 친구 울새가 힘없이 날개를 펴서 어딘가를 가리켰다. 장미나무 근처에 서 있는 엄마의 손에 **분무기**가 들려 있었다. 나는 헐레벌떡 엄마를 향해 뛰어가서 외쳤다.

"**멈춰요, 엄마!** 제게 다른 해결책이 있어요! 엄마의 장미나무에 이 띠지를 걸어두면 무당벌레 유충들이 태어나서 진딧물을 다 먹어치울 거예요! 게다가 이건 새들에게도 **아무런 해**를 끼치지 않을 거래요."

"**멋진걸!** 화학 물질보다 훨씬 좋은 방법이네! 만약 효과가 좋으면 정원을 가지고 있는 엄마 동료들에게도 추천할게."

"네. 사람들이 더 이상 **살충제**를 구입하지 않게 된다면 살충제를 파는 회사의 고객도 사라질 테고, 회사들도 물건을 더는 만들지 않을 거예요. 그럼 독성 물질들도 세상에서 **조금씩** 사라질 거고요."

"네가 자랑스럽구나 태오야." 엄마가 내 머리카락을 헝클어뜨리며 말했다.

"그럼 그 **살충제 분무기** 제게 주면 안 돼요?"

"이걸로 뭐 하려고?"

"선생님께 가져다 드리기로 했어요. 반에서 누가 가장 많이 가져오나 시합을 하기로 했거든요. 지금은 하나뿐이지만 나쁘지 않은 시작이에요. 이번 주말에 이웃집을 돌면서 이웃들을 설득할 생각이거든요."

"어머나! 우리 태오, 꼭 **지구를 지키는 슈퍼히어로**라도 된 것 같네!" 엄마가 농담하며 말했다.

"바로 그거예요!"

미션

다음날, 학교가 끝난 뒤 나는 옆집으로 가 벨을 눌렀다. 신뢰를 줄 만한 미소를 지으면서 나는 나 자신을 **환경을 지키는 슈퍼히어로** 클럽의 일원이라고 소개했다. 그리고 학급 내 시합에서 이기기 위해서는 이웃의 도움이 필요하다고 말했다.

"내가 도움이 된다면 얼마든지." 옆집 할머니가 친절하게 대답했다.

반 친구들과 함께 정한 **미션**에 대해 설명하자, 할머니는 나를 응원해 주었다.

"그거 정말 멋진 생각이네. 하지만 나와는 상관이 없는 일이야."

그 말에 울컥한 내가 말했다.

"지구를 지키는 일은 **모든 사람**과 상관이 있는 일이에요! 그렇게 발뺌하시면 안 돼요."

"어머, 화내지 말아!" 할머니는 미소를 지으며 대답했다. "단지 우리 집에는 살충제가 하나도 없어서 그런 거란다."

"정원을 가꾸는 데 화학 제품을 하나도 사용하지 않는다는 말씀이세요?" 놀란 내가 말했다.

"전혀 없단다. 화학 제품의 위험성을 다루는 수많은 르포를 본 뒤로 싹 다 버렸어. 화학 제품을 쓰지 않는다고 해서 내가 키우는 꽃과 채소가 전보다 못 자라는 것도 아니더라고. **오히려 반대**였지. **커피 찌꺼기**는 제라늄엔 최고의 비료가 되어 주거든. **채소밭 주위에는 밀짚**을 둬서 잡초가 자라는 속도를 더디게 만든단다. 초록 강낭콩과 완두콩 가까이에는 **금잔화와 한련화**를 심어서 진딧물이 생기는 것을 막아주고, 샐러드 채소 근처에는 **계란 껍데기**를 둬서 민달팽이가 갉아먹으러 오는 걸 방지하고 있어. 내 정원에는 화학 물질이 단 1그램도 없단다! 내 아버지와 할아버지가 사용하던 **옛날 방식**을 사용하거든."

"그럼 제가 채소밭을 가꾸는 데 필요한 조언을 해주실 수 있나요? 그럼 정말 **멋질** 것 같아요!"

"기꺼이 그러마."

"그리고 우리 반으로 오셔서 할머니가 정원을 가꾸는 방법을 소개해 주시면 더 좋을 것 같아요. 화학 제품이 우리 삶에 **없어서는 안 될** 것이라고 생각하는 사람들이 **너무나** 많거든요."

"선생님만 동의한다면야, 좋지."

나는 내 **작은** 친구들에게 해를 끼치지 않는 누군가를 만나서 정말 **기뻤다**. 잔뜩 신난 기분으로 우리 집 맞은편에 있는 집의 벨을 눌렀다. 은퇴한 할아버지와 할머니가 사는 집이었는데, 문을 열어준 것은 할아버지였다.

"안녕 태오야, 여기까지 무슨 일이냐?"

"클로아렉 할아버지 안녕하세요. 제가 여길 온 건, 음… 정원

에서 사용하는 **화학 제품**들이….”

"아, 화학 제품이라, 정말 **아름다운 발명품**이지." 할아버지가 내 말을 자르며 말했다. "그걸 사용한 후로는 우리 집 정원에 잡초는 한 포기도 나지 않아. 그리고 채소밭에서는 매년 **훌륭한 채소들**이 자라고 있지."

나는 입술을 깨물고 생각했다. '**이런**, 설득하기 쉽지 않겠어.'

"음, 그건 사실이지만 그 화학 제품들은 우리 지구에 **정말 해로워요**."

"오, 지구라." 할아버지가 빈정대는 말투로 말했다. "지구에 가장 많은 해를 끼치는 건 내가 아닌데? 바로 **공장, 자동차, 비행기**… 같은 것들이지. 내 작은 채소밭과 지구는 아무런 관계가 없단다!"

나는 최대한 설득력 있는 태도로 말하기 위해 애썼다.

"클로아렉 할아버지, 맞는 말씀이에요. 하지만 한 사람 한 사람이 지구를 구하기 위해 작은 실천을 한다면… 분명 도움이 될 거예요. **작은** 물줄기가 모여 **커다란** 강물을 이룬다고 하잖아요."

"그렇지, 그것도 맞는 말이야." 클로아렉 할아버지가 중얼거렸다.

"제게 할아버지의 **살충제**를 넘겨준다면 **무당벌레 알들**이 붙어 있는 종이 띠지를 드릴게요. 무당벌레가 알에서 깨어나면 할아버지 정원에 있는 진딧물들을 모조리 잡아먹을 거예요."

그 말에 할아버지가 웃음을 터뜨리면서 말했다.

"나는 네가 말하는 그런 방법들이 그다지 믿음직스럽지 않는구나."

"그래도 한번 시도해 보시겠어요?" 내가 끈질기게 물었다.

"정 그렇게 말한다면 뭐…." 달갑지 않은 기색으로 할아버지가 말했다.

나는 할아버지에게 띠지를 건네며 말했다.

"만약 이게 효과가 있다면 제게 **살충제**를 주시겠어요? 저희 반 선생님이 이걸로 시합을 여셨거든요. 가장 많은 **독성 물질**을 가져오는 사람이 우승자가 되는 거예요."

"**그것참 이상하구나!** 나 때는 학교에서 프랑스어, 수학, 역사, 지리학 같은 걸 배웠는데 말이야…."

할아버지의 추억 이야기를 듣고 있을 시간이 없었던 나는 말을 끊어야 했다.

"알겠어요. 감사해요 클로아렉 할아버지. **할아버지만 믿을게요!**"

클로아렉 할아버지의 대문을 열고 밖으로 나왔을 때, 나처럼 동네를 돌며 주민들을 만나고 있는 마엘이 보였다. 나는 아무런

수확이 없다는 것을 보여주기 위해 어깨를 으쓱해 보였다. 마엘은 나보다는 **더 운이 좋았던** 것인지 비료 한 포대를 흔들어 보였다.

마엘이 코앞까지 다가왔을 때 내가 물었다.

"너희 아빠는 설득해 봤어?"

"그럴 용기가 나지 않았어. 나한테 화를 낼지도 모른단 말이야."

"맞아…, 저번에 뤼시앵 아저씨가 사용하는 **화학 물질**의 위험성에 대해 알려드리려고 했었는데…, 그다지 좋아하지 않으셨거든."

"네가 꺼낸 아이디어니까 설득도 네 몫이야."

마엘의 말이 맞았다. 곤충들을 구하는 것은 흥미로운 일이었지만, 다른 사람들을 설득하는 일은 **어려운 일이었다!** 하지만 장애물이 있다고 해서 피하는 건 나답지 않은 행동이었다. 그래서 나는 약간은 허세를 부리며 말했다.

"가자, 까짓 거 해보지 뭐!"

마엘의 집에 도착했을 때, 뤼시앵 아저씨는 부엌 한쪽 구석에 있었다. 아저씨가 앉아 있는 책상 위로는 종이들이 **잔뜩 쌓여 있었고**, 그 옆에는 컴퓨터가 놓여 있었다.

"안녕 태오야!" 아저씨가 내게 말했다. "마엘이랑 같이 숙제 하러 온 거니?"

나는 미소를 지었다. 아저씨의 기분이 좋아 보였다. 나는 이렇게 대답했다.

"안녕하세요 아저씨… 음…."

나는 숨을 크게 들이쉰 다음에 빠르게 말을 쏟아내기 시작했다.

"사실 우리가 여기에 온 건… 음… 아저씨가 사용하는 **살충제**가 **지구에 해롭다**는 말씀을 드리기 위해서예요."

아저씨가 **화**를 내실까 봐 걱정이 됐던 나는 언제든 도망칠 준비를 하고 있었다. 하지만 그런 일은 일어나지 않았다.

"마침 잘 됐구나. 너희가 좋아할 만한 소식이 있어." 아저씨가 말했다. "내가 전통적 농업을 그만두고 **유기농업**을 시작하려는 농업인들을 도와주는 **단체**에 지금 막 **문의**를 할 참이었거든."

"정말요, 아빠? 그게 정말이에요?" 마엘이 뛸 듯이 기뻐하며 말했다.

"그래 우리 딸! 사실 고민한 지는 꽤 됐는데…. 하나부터 열까지 모든 걸 바꿔야 하는 일이라 선뜻 엄두가 나지 않았어. 그런데 지난번에 태오가 내가 사용하는 **화학 물질**들의 **위험성에 대해** 일러주었지. 그래서 진지하게 고려해 보기로 결심했단다."

"**정말 좋은 생각**이에요!" 신이 난 내가 외쳤다.

"하지만 하루아침에 모든 것을 바꿀 수는 없어. 거의 오십 년 동안 잘못 다루어 온 땅이라, 좋은 품질로 되돌리려면 **시간**이 필요하거든…. 하지만 시작조차 하지 않는 게 더 나쁜 일이겠지? 생명이 살지 못하는 땅에는 우리 후손들이 아무것도 심을 수 없을 테니까."

"맞아요. 지렁이도 그렇게 말했어요…."

그 말에 뤼시앵 아저씨가 나를 쳐다봤지만 그다지 놀란 것

같지는 않았다.

"자, 그럼 사과주스 한 잔씩 하면서 변화를 **축하하자꾸나!**" 아저씨가 사과주스 병뚜껑을 따면서 외쳤다.

그리고 이렇게 덧붙였다.

"그리고 올해부터는 사과나무에 화학 약품도 더는 뿌리지 않으마!"

아저씨가 내린 결정에 우리는 너무나도 기뻤다. 우리는 함께 웃으며 잔을 높이 들었다.

다 함께 축하를!

그달 말, 카라벨 선생님은 우리가 가져온 것들을 총결산했다.

"선생님은 너희들이 **자랑스럽구나**. 모두가 과립형 화학 비료, 살충제 분무기, 그 외 독성 물질들을 이렇게나 많이 가져오다니 말이야. 너희들의 이웃, 부모님, 친구들이 땅, 나무, 꽃에 뿌리던 것들이지…."

"누가 일등이에요?" 니콜라가 불쑥 끼어들며 물었다.

"선생님 말 아직 안 끝났단다." 선생님이 점잖게 타이르며 말했다. "가장 중요한 건, 너희들이 다른 사람들이 자신도 깨닫지 못하

는 사이에 지구에 **해**를 끼치고 있다는 사실을 설명할 수 있었다는 사실이야."

"맞아요. 제 사촌 언니도 우리가 벌레들을 모두 죽이면 새도 곧 사라질 거라는 사실을 모르고 있었어요." 레나가 말했다.

"저는 **조그마한** 채소밭을 기르는 저희 할아버지밖에 설득하지 못했어요." 기욤이 투덜거렸다. "그러니까 분명 저는 일등이 아니겠죠?"

"**중요한 건** 누가 일등을 하느냐가 아니야…. 너희들이 **주변 사람들**이 환경 문제에 관심을 갖도록 만들기 시작했다는 게 가장 중요하지." 선생님이 말했다. "생각해 보렴. 우리 반 친구들이 총 **스물다섯 명**이잖니? 너희들 덕분에 주변의 한 사람이 습관을 바꾼다고 생각해 봐. 그럼 벌써 스물다섯 명이 **독성 물질**을 더는 사용하지 않는

게 되는 거야! 그리고 그 사람들이 **유기농업**에 관련해 새롭게 경험한 사실을 주변의 한두 사람에게 더 전달한다면 또 어떻게 될까? 단 몇 개월 만에 **화학 물질**을 **버리는** 사람들이 백여 명으로 늘어나게 되겠지?"

"**멋져요!**" 카미유가 외쳤다.

"이제 이 미션의 성공률을 더욱 높이기 위해 학교 전체로 전파시켜 보자꾸나! 모두 서너 명으로 조를 짜서 **살충제의 위험성**과 그 **대안**에 대한 발표를 준비한 다음, 그걸 다른 반에 소개하도록 하는 거야."

열성적인 함성이 터져 나왔다. 우리가 시작하고 성공한 일을 모두에게 보여줄 수 있다는 사실에 우리는 모두 기뻤다.

"물론 다른 반 친구들이 **환경을 지키는 슈퍼히어로** 클럽에 가입하도록 **독려할 수단**을 찾는 건 너희들의 몫이겠지? 가장 좋은 건 학교 전체가 우리들의 프로젝트에 참여하게 되는 거란다."

집으로 돌아오는 길에 마엘과 나는 **신나게** 수다를 떨었다.

"이런 성과를 거둘 거라곤 상상도 하지 못했어!" 내가 말했다.

"나도 그래. 네가 나를 찾아와서 네 아이디어를 공유해 줬던 게 정말 잘한 일 같아."

"사실 그건 내 아이디어는 아니었어…. 그냥 도우려 했던 것뿐이야. 내…" 나는 말을 멈췄다. '내 새로운 친구들'이라고 말하려 했던 건데, 마엘이 그 말을 듣고 놀릴지도 모른다는 생각에 걱정이 됐다. 그래서 대충 말을 마무리했다.

"…곤충들을 말이야. 우리는 그들이 **필요해**. 이제 너도 알겠지."

"맞아."

"내가 생각해 봤는데, 마을 이곳저곳에 **곤충 호텔**을 마련해 줘도 좋을 것 같아."

"곤충 호텔?"

"나무로 만들어진 벌집 상자에 작은 나뭇가지와 밀짚을 깔고 우리 친구들이 거기서 겨울을 날 수 있게 하는 거야. 거기에 곤충들이 집을 짓고 알을 낳는 거지."

"태오야, 그거 정말 좋은 생각이다. 내일 친구들에게 알려주자!"

집 정원으로 들어왔을 때, 나뭇가지 위에 앉아 있던 울새가 **작은 소리**를 냈다. 그러자 무당벌레 한 마리가 내게로 날아왔다. 나는 가만히 있었다. 무당벌레가 내 **뺨** 위에 앉았고, **푸슉!** 눈을 떠보니 어느새 나는 데이지꽃 위에 앉아 있었다. 메뚜기, 무당벌레, 개미, 꿀벌, 뒤영벌, 풍뎅이, 돈벌레, 모기, 날파리 들이 나를 **격하**

게 환영해 주었다. 곤충들은 자신의 발을 사용해 손뼉을 치면서 **기쁨의 탄성과 윙윙거리는 소리**를 내질렀다. 엄청난 **소란**이었다!

"잘했어 태오야!" 모두가 입을 모아 외쳤다.

"역시 널 믿길 잘했어!" 무당벌레가 확신에 차 말했다.

"그리고 네가 제안한 호텔 말인데, 도시에 사는 우리 친구들에게 정말 좋은 아이디어 같아. 걔들은 겨울 동안 지낼 피난처를 찾고 있거든." 풍뎅이가 말했다.

"네 덕에 마침내 우리가 **평온하게** 살 수 있을 것 같아." 흙덩어리를 비집고 빨간 얼굴을 내민 지렁이 한 마리가 내게 말했다.

뒤이어 새들도 도착했다. 멧새, 꾀꼬리, 울새, 그리고 내가 이름을 알지 못하는 다른 새들도 함께였다.

"고마워, 태오야!" 새들이 짹짹거리며 말했다. "네가 우리 목숨을 구했어."

"고마운 건 나야. 친구들! 너희들이 아니었다면 인간이 토양에 미치는 **위험**에 대해 인식하지 못했을 거야. 이제는 알아. **자연은 거대한 연대의 사슬**이라는 사실을 말이야. 사슬을 이루는 요소는 모두가 중요하다는 것도, 가장 작은 요소를 파괴한다면 나머지 역시 고통을 받게 된다는 것도 말이야."

"태오는 모든 걸 이해했구나!" 울새가 나를 치켜세웠다.

"하지만 아직 우리가 승리했다고 말할 순 없어." 작은 들쥐가 거친 숨소리를 내며 말했다. 그 모습은 언제나 불평을 늘어놓는 우리 반의 롤랑을 떠올리게 했다. 나는 미소와 함께 답했다.

"나도 알아. **세상이 전부 변하기 위해서는 긴 시간이 필요**하다는 걸. 하지만 시작조차 하지 않는다면…."

"옳소!"

또다시 **박수 소리**가 울려 퍼졌다. 그리고 나는 **우리 집 정원에 사는 곤충들의 히어로**가 된 것이 감격스러웠고, 또 너무나 기뻤다.

직접 해보기

누구의 말일까요?

 앞서 읽은 이야기 속에서 오른쪽 말풍선 안의 말을 한 사람이 누구인지 찾아 왼쪽 이름과 연결해 보세요.

- 태오 •
- 시도 •
- 울새 •
- 루이 •
- 마엘 •
- 카라벨 선생님 •

1. 울새가 어떻게 대답을 하나?

2. 가장 많이 가져오는 사람이… 음… 땅의 정령 노움 인형을 하나 받는 거야!

3. 이야, 기어다니고 날아다니는 모든 벌레들의 수호자, 조로 납셨네!

4. 지구를 지키는 일은 모든 사람과 상관이 있는 일이에요! 그렇게 발뺌하시면 안 돼요.

5. 나뿐만이 아니야. 깨새, 굴뚝새, 방울새도 마찬가지야…. 농촌에서 새들의 개체 수는 계속해서 줄어들고 있어.

6. 아빠에게 밭에 농약을 뿌리지 말라고 설득하는 건 어려울 것 같은데….

정답 1. 시도 - 2. 카라벨 선생님 - 3. 루이 - 4. 태오 - 5. 울새 - 6. 마엘

퀴즈: 여러분도 환경을 지키는 슈퍼히어로인가요?

다음 질문에 가장 공감되는 답변을 찾아 표시해 보세요. 그리고 여러분도 환경을 지키는 슈퍼히어로인지 아닌지 확인해 보세요. 잘 모르는 질문이 있다면 부모님께 물어보세요.

아침마다 어떤 교통수단을 이용해 학교에 가는 걸 좋아하나요?
- ☐ 자동차: 가장 빠르니까!
- ● 버스: 친구들과 같이 타고 가는 게 너무 좋아!
- ○ 자전거 혹은 걷기: 날씨가 좋을 때는 바깥 바람 쐬는 게 최고지!

나는 집에서 부모님과 함께…
- ○ 옷부터 쓰레기까지 모든 물품을 재활용하고 분리수거한다.
- ☐ 아직 더 사용할 수는 있지만 낡거나 닳은 게 있으면 쓰레기통에 버린다.
- ● 가정용 쓰레기는 쓰레기통에 버리지만, 학교에서 배운 대로 플라스틱 뚜껑이나 코르크 마개는 분리수거한다.

과일은 너무나 맛있어요! 부모님은 여러분이 좋아하는 과일을 어디에서 사 오나요?
- ● 동네 시장, 유기농 식료품 가게, 혹은 슈퍼마켓의 유기농 코너에서! 지역 농산물일 뿐만 아니라, 달콤하다!
- ☐ 마트에서! 장을 볼 때 과일의 원산지를 확인하지 않고 아무거나 담는다.
- ○ 과일나무가 있는 우리 집 정원에서!

집에서 쓰레기를 배출하지 않기 위해 어떤 노력을 기울이나요?
- ● 식료품 상점에서 과일이나 채소를 사 올 때 종이가방을 사용한다. 부모님은 내 동생의 기저귀나 물티슈를 빨아서 재사용한다.
- ○ 식료품은 대용량으로 구입하거나 플라스틱 뚜껑이나 컵을 사용하지 않는다.
- □ 모든 걸 쓰레기통에 버린다. 장을 볼 때는 비닐봉투를 사용하고, 물티슈는 변기에 버린다. 기저귀를 빨아 쓰다니, 듣도 보도 못한 일이다!

결과

○가 가장 많을 경우: 당신은 완벽한 환경 슈퍼히어로! 태오와 친구들과 함께 지구를 지킬 준비가 되었네요!

●가 가장 많을 경우: 잘 하고 있습니다! 하지만 작은 벌레 친구들을 위해 조금 더 나은 행동을 해볼 수 있을 것 같네요!

□가 가장 많을 경우: 더 노력해야겠어요! 그렇다고 낙담하진 마세요! 때때로 환경을 위한 행동을 한다면 그것도 충분히 좋은 일이랍니다!

할머니의 지혜

🍎 집 안에서 인간에게 해로운 작은 벌레나 동물을 효과적으로 쫓아버리고 싶을 때, 살충제를 대신해서 사용할 수 있는 친환경적인 방법들이 있답니다. 태오가 알아낸 무당벌레 알과 같이 환경에 해를 끼치지 않는 방법들이 아주 많지요.

다음 중 작은 벌레들을 쫓아버리는 데 사용할 수 있는 친환경적 방법이 무엇인지 찾아 빈칸을 채워 보세요.

1. 진딧물을 쫓아버리기 위해서는 태오처럼 무당벌레 알이 붙은 띠지를 사용할 수도 있지만, 초록 강낭콩 옆에 _____ 꽃을 심어도 된답니다!

   ▶ 빈칸에 들어갈 단어: 한련 – 감자 – 상추

2. 모기를 물리치기 위해서 사람들은 주로 레몬을 사용하곤 합니다. 그 외에도 바질 잎이나 _____ 잎을 사용할 수 있다는 사실을 알고 있나요? 이 재료를 항아리에 담아서 집 이곳저곳에 둔다면 더는 모기로부터 괴롭힘을 당하지 않을 수 있을 거예요!

   ▶ 빈칸에 들어갈 단어: 민트 – 루바브 – 펄프

3. 상추 잎을 갉아먹는 달팽이와 민달팽이를 막으려면 _____ 껍데기를 부순 뒤 상추 주변에 뿌려두면 됩니다!

   ▶ 빈칸에 들어갈 단어: 오리 – 달걀 – 땅콩

4. 주로 설탕이 함유된 음식에 이끌리는 개미들을 쫓아버리는 방법은 두 가지가 있습니다. 바로 _____ 식초나 베이킹소다를 사용하는 거예요. 개미들이 있는 곳에 작은 컵을 놓고 그 안에 이 식초를 넣으세요. 그리고 개미가 좋아하는 음식 주변에 베이킹소다를 뿌리는 거예요!

▶ 빈칸에 들어갈 단어: 하얀 - 보라 - 파란

위의 방법들을 집에서 직접 시험해 보세요!
할머니의 지혜가 정말 사실인지 확인해 보세요!

정답

1. 진드기들을 쫓아버리기 위해 쓸 수 있는 남을 뱉어 낸 커피 찌꺼기입니다.
2. 기를 쫓으려면 라벤더 오일을 사용해야 해요.
3. 달팽이와 민달팽이를 없애고 바퀴벌레 유인하려면 달걀 껍데기를 사용하세요.
4. 해를 멀리 쫓아버리기 위해 하얀 식초를 사용하는 게 효과적입니다.

나도 결심해 보기

 이제 지구를 구하기 위해 올바른 결심을 해볼 차례입니다!

환경을 보전할 수 있도록 해주는 작은 행동들에 대한 예시를 아래에 적어놓았습니다. 도전해 볼 만한 행동을 하나 혹은 그 이상 선택하고, 진정한 환경 슈퍼히어로가 되기 위해 그것을 실천해 보세요!

- 방에서 나갈 때 조명 끄기
- 집에서 쓰레기 분리수거 하기
- 태오처럼 주변 사람들에게 살충제의 위험에 대해 관심 갖도록 하기
- 살충제로 인해 발생하는 문제에 관해 발표해 보기
- 이를 닦을 때는 물 틀어두지 않기
- 플라스틱 컵 대신 텀블러 사용하기

아래 빈칸에 지구를 구하기 위해 실천할 나만의 아이디어를 적어보세요!

환경 슈퍼히어로 태오 1
곤충들을 구하라

초판 1쇄 인쇄 | 2023년 10월 10일
초판 1쇄 발행 | 2023년 10월 15일

글 | 안 마리 데스플라 뒥
그림 | 마틸드 조르주
옮긴이 | 이수진
펴낸이 | 조승식
펴낸곳 | 도서출판 북스힐
등록 | 1998년 7월 28일 제22-457호
주소 | 서울시 강북구 한천로 153길 17
전화 | 02-994-0071
팩스 | 02-994-0073
블로그 | blog.naver.com/booksgogo
이메일 | bookshill@bookshill.com

값 10,000원
ISBN 979-11-5971-518-1

* 잘못된 책은 구입하신 서점에서 교환해 드립니다.